BEI GRIN MACHT SICH
WISSEN BEZAHLT

- Wir veröffentlichen Ihre Hausarbeit,
  Bachelor- und Masterarbeit

- Ihr eigenes eBook und Buch -
  weltweit in allen wichtigen Shops

- Verdienen Sie an jedem Verkauf

Jetzt bei www.GRIN.com hochladen
und kostenlos publizieren

Björn Degenkolbe

Das Konzept des 'Blended Learning' in virtuellen Studiengängen

Am Beispiel des MBA-Studienganges des Bildungsnetzwerkes 'winfoline'

GRIN Verlag

Bibliografische Information der Deutschen Nationalbibliothek:

Die Deutsche Bibliothek verzeichnet diese Publikation in der Deutschen National-
bibliografie; detaillierte bibliografische Daten sind im Internet über http://dnb.d-
nb.de/ abrufbar.

Impressum:

Copyright © 2002 GRIN Verlag GmbH
Druck und Bindung: Books on Demand GmbH, Norderstedt Germany
ISBN: 978-3-638-64059-6

Dieses Buch bei GRIN:

http://www.grin.com/de/e-book/8619/das-konzept-des-blended-learning-in-virtuel-
len-studiengaengen

GRIN - Your knowledge has value

Der GRIN Verlag publiziert seit 1998 wissenschaftliche Arbeiten von Studenten, Hochschullehrern und anderen Akademikern als eBook und gedrucktes Buch. Die Verlagswebsite www.grin.com ist die ideale Plattform zur Veröffentlichung von Hausarbeiten, Abschlussarbeiten, wissenschaftlichen Aufsätzen, Dissertationen und Fachbüchern.

Besuchen Sie uns im Internet:

http://www.grin.com/

http://www.facebook.com/grincom

http://www.twitter.com/grin_com

Universität Leipzig

Wirtschaftswissenschaftliche Fakultät

Institut für Wirtschaftsinformatik

Hauptseminararbeit zum Thema

Das Konzept des „Blended Learning" in virtuellen Studiengängen der Aus- und Weiterbildung

Am Beispiel des MBA-Studienganges des Bildungsnetzwerkes *winfoline*

Bearbeiter: Björn Degenkolbe

5. Fachsemester

Eingereicht am: 30.10.2002

Kurzzusammenfassung

Die Arbeit setzt sich mit der technischen und methodischen Konzeption der Aus- und Weiterbildung auseinander. Dabei richtet sich der Fokus auf die Betrachtung der Notwendigkeit, den Einsatz neuer elektronischer Lernmedien mit traditionellen Präsenzveranstaltungen zu kombinieren. Diese Kombination der verschiedenen Lehr- bzw. Lernmethodiken wird als Blended Learning oder auch als Hybrides Lernen verstanden.

Um die Notwendigkeit der Entwicklung neuer Aus- und Weiterbildungssysteme zu verdeutlichen, wird einleitend die aktuelle Situation in der Aus- und Weiterbildung beschrieben. Weiterführend werden die Sammelbegriffe Distance Learning, Internet, e-Learning, CBT, WBT, Blended-Learning erklärt und für diese Hausarbeit abgegrenzt. Zusätzlich erhält der Leser einen Einblick in die Entwicklung des MBA-Weiterbildungsstudienganges *winfoline*. Im zweiten Teil setzt sich der Autor mit dem Begriff Blended Learning auseinander. Dabei hält er die wichtigsten Merkmale und Ausprägungen fest. Weiterführend wird auf die Begriffe Lernraum und Spezifikationen eingegangen. Im dritten Teil wird die Umsetzung der Blended-Learning Ansätze am Beispiel des MBA-Weiterbildungsstudienganges *winfoline* erläutert. Im vierten und letzten Teil erhält der Leser eine kurze Zusammenfassung dieser Ausarbeitung.

Als Grundlagen dieser Arbeit dienten die Werke „Integrated Learning" 1. Auflage 2002 von Riccarda Sailer-Burckhardt und „e-Learning im Unternehmen – Grundlagen – Strategien – Methoden – Technologien" 1. Auflage 2001 von Andrea Back, Oliver Bendel und Daniel Stoller-Schai. Weiterhin halfen dem Autor eigene Erfahrungen aus hochschulnahen Projektarbeiten in der Versicherungswirtschaft und einem am Lehrstuhl der Wirtschaftsinformatik in Leipzig durchgeführten Projektseminar zum Bildungsnetzwerk *winfoline* und dem MBA-Studiengang des Bildungsnetzwerkes *winfoline*.

Durch die Auseinandersetzung mit dem Begriff des Blended Learning und den skizzierten Verbesserungsmöglichkeiten am Beispiel des MBA-Studienganges, bietet diese Arbeit für Entscheidungsträger eine Orientierungshilfe und einen praxisorientierter Einstieg, obgleich nur ein Teil der Rahmenbedingungen für ein erfolgreiches Blended Learning Konzept untersucht werden konnten. Tatsächlich umfassen die Rahmenbedingungen viel mehr als die Schlagworte Medienmix, synchrone und asynchrone Kommunikation.

Gliederung

Abbildungsverzeichnis

Tabellenverzeichnis

Glossar

In dieser Arbeit sind im Glossar erklärte Begriffe durch einen vorangestellten Pfeil ()
kenntlich gemacht.[1]

Asynchrones Lernen

Der Prozess der Wissensvermittlung durch Lehrende und die Aufnahme des Wissens durch
Lernende findet zeitlich versetzt statt (z.B. Lernen mit Studienbriefen, Kommunikation
über Newsgroups, etc.). Gegenteil: synchrones Lernen

Blended Learning

Im wörtlichen Sinn "gemischtes Lernen", bezeichnet die Verbindung von Online- und
Präsenzelementen in Lernangeboten. Auch hybrides Lernen oder Integrated Learning
genannt.

Browser

Ein Programm zum Darstellen der verschiedenen Dokumente aus dem World Wide Web
auf einem PC. Die am meisten verbreiteten Browser sind Netscape Navigator und
Microsoft Internet Explorer.

CBT

Abkürzung für Computer-Based-Training. Die Teilnehmer bearbeiten bei dieser Lernform
selbstständig in Interaktion mit der Lernsoftware Lernmaterialien. Die Lernenden können
gemäß ihres Kenntnisstandes Lerninhalte in strukturierter Form abrufen und werden mit
Interaktionsmöglichkeiten unterstützt. Der Computer übernimmt dabei einen Teil der
Lerndialoge, die Wissensüberprüfung und eventuell die Steuerung des Lernprozesses.

Chat

(englisch: plaudern, unterhalten) Gemeint ist die fast synchrone „Unterhaltung" per
Tastatur von Rechner zu Rechner. An einem Chat können sich mehrere Teilnehmer
beteiligen.

Content

Der Content ist der Überbegriff für jede Form des (Lern-) Inhalts. Häufig wird dieser
Ausdruck als Synonym für WBT oder Lernsoftware verwendet. Im weitesten Sinne
umfasst der Begriff Content jedoch auch von den Lernenden selbst erzeugte Inhalte.

---

[1] vgl. Bruns & Gajewski 2002, Seiten 39-40; auch Sonderheft e-Le@rning 2001, Seite 14; auch
http://www.global-learning.de/g-learn/cgi-bin/gl_userpage.cgi

Didaktisches Design

Ein Begriff, der die Planung, Gestaltung und Umsetzung von Lernangeboten bis hin zur Qualitätssicherung und Evaluation umfasst. Im engeren Sinn ist damit häufig nur die Gestaltung der Benutzeroberfläche gemeint.

DIHK

DIHK ist die Abkürzung für die Deutsche Industrie und Handelskammer.

Hard-Skills

Als Hard-Skills werden Fertigkeiten, wie beispielsweise Maschinenschreiben und Gabelstaplerführen etc., bezeichnet.

Interaktivität

Interaktivität hebt die Einseitigkeit der Kommunikationsprozesse auf und kann als die Art und Weise definiert werden, „in der Teilnehmer eines durch sie inhaltlich, zeitlich und seiner Abfolge kontrollierten Kommunikationsprozesses miteinander Information austauschen und dabei prinzipiell ihre Rollen wechseln können. Neue Medien fördern den gegenseitigen Austausch und Schaffen Kommunikationsbedingungen, die annähernd der Face-to-Face-Kommunikation entsprechen"[1]

Intranet

Als Intranet wird die Internettechnologie bezeichnet, wenn diese nur innerhalb eines Unternehmens eingesetzt wird. Das Intranet dient dem Austausch von Informationsmaterial an Mitarbeiter mit geringen Kosten-, Zeit- und Arbeitsaufwand.[2]

Lernobjekt

Lernobjekte sind (digitale) Dateien oder analoge Materialien, die im Rahmen technologisch unterstützter Lernprozesse verwendet werden und wieder verwendbar sind.

Lernplattform

Ein Softwaretool, auf welches im Intranet oder Internet zugegriffen werden kann und das über eine entsprechende Oberfläche bestimmte Funktionalitäten, wie den Aufruf und die Administration von Lernern, Lerninhalten, Kommunikationstools usw. von einer zentralen Stelle aus ermöglicht. Es wird auch der Begriff Lernmanagement System (LMS) verwendet. In dieser Arbeit wird das Wort Plattform im Sinne von Lernplattform verwendet.

---

[1] vgl. Klimsa, 1993, S. 54
[2] vgl. Godehardt/List, 1999, S. 141

LMS

Learning Management System. Englischer Begriff für Lernplattform. Taucht partiell eingedeutscht auch als "Lernmanagement System" auf.

Neue Medien

Wie auch Klimsa[1] zum Begriff „Neue Medien" feststellen musste, gibt es in der Fachliteratur keine einheitliche Definition. Für die vorliegende Arbei9t wird folgendes Begriffsverständnis herangezogen: „Neue Medien sind alle Verfahren und Mittel die mit Hilfe digitaler Technologie, also computerunterstützt, bislang nicht gebräuchliche Formen von Informationsverarbeitung, Informationsspeicherung und Informationsübertragung, aber auch neuartige Formen von Kommunikation ermöglichen"[2]

Soft-Skills

Darunter versteht man Sozial- und Methodenkompetenzen, wie beispielsweise die Fähigkeit mit anderen Menschen zielgerichtet zu kommunizieren oder teamorientiertes Arbeiten etc.

Synchrones Lernen

Wissensvermittlung und Wissensaufnahme finden gleichzeitig statt (z.b. Lernen im Klassenzimmer, Chat). Gegensatz: asynchrones Lernen

Verteiltes Lernen

Beim verteilten Lernen sind Lehrende und Lernende räumlich von einander getrennt.

Virtuelle Lernwelt

Die Virtuelle Lernwelt ist die gesamte Lehr- und Lernumgebung. Dazu gehören z.B. öffentliche Informations- und Kommunikationsbereiche, Bibliotheken und Shops wie auch die passwortgeschützten administrativen Arbeitsbereiche und natürlich die virtuellen Lernräume selbst (virtuelles Seminar).

Virtuelle Bildungsprodukte

Abgeschlossene Bildungsmodule, welche über eine Lernplattform oder in einer virtuellen Lernwelt dem Lernenden als Lerngrundlage angeboten wird.

---

[1] vgl. Klimsa, 1993, Seite 31ff
[2] vgl. Bollmann, 1998, Seite 12

Virtuelles Seminar

Begriff für räumlich verteilte Lern-Gruppe, die sich auf einer Lernplattform zum Lernen trifft.

WBT

Abkürzung für Web-Based-Training. Es bezeichnet die netzgestützte Form des Fernlernens mit und ohne Betreuung durch Tutoren.

Whiteboard Virtuelle Tafel oder Flipchart, die den Benutzern das gemeinsame Zeichnen und Betrachten von Skizzen über ein Netzwerk ermöglicht. Dabei stehen sowohl Mal- als auch Textwerkzeuge zur Verfügung.

1. Einleitung

1.1 Aktuelle Situation

In einer Zeit schneller gesellschaftlicher, wirtschaftlicher und technischer Veränderungen und einer ständig wachsender Informationsflut steigen qualitativ und quantitativ die Anforderungen an die Aus- und Weiterbildung. Neben der Bewältigung der zunehmenden Komplexität des Wissens, geht es ganz entscheidend um die Notwendigkeit, aktuelles Wissen sehr schnell zu vermitteln. (Sinkende Halbwertzeit des Wissens [1]) Um wettbewerbsfähig zu sein und mit den raschen Veränderungen in der Arbeitswelt und auf dem Markt mithalten zu können, sind Unternehmen heutzutage darauf angewiesen, ihre Mitarbeiter ständig zu schulen. Die Begrifflichkeit des Lebenslangen Lernens findet in dieser Betrachtung wieder Einzug, einem so genannten Prozess des „Lernens" und wieder „Entlernens".

Die Globalisierung oder auch Internationalisierung und der steigende Mobilitätsdrang der Lernenden stellt die Träger der Aus- und Weiterbildung (Lehrenden) vor neue Aufgaben. Die Entwicklung zu kundenorientierten Märkten [2] stellt zusätzlich die Qualität der angebotenen Dienstleitungen und Produkte der Unternehmen auf den Prüfstand. Wissen wird auch dadurch immer mehr als Wettbewerbsfaktor verstanden, so belegt eine Studie der KPMG Consulting (2000) „[...] In der heutigen Unternehmenswelt hat Wissen im Allgemeinen sowie das Management von Wissen im Besonderen eine wichtige Stellung. Neben den Produktionsfaktoren Betriebsmittel, Kapital und Arbeit gilt Wissen speziell im Finanzdienstleistungsbereich als der vierte Produktions- oder Wertschöpfungsfaktor. [...]". [3] So produziert die US-Wirtschaft heute in Tonnen gemessen etwa dieselbe Warenmenge wie vor 100 Jahren, während sich der Wert ihres Bruttosozialprodukts ungefähr um den Faktor 20 vergrößert hat. Daran lassen sich Erwartungen hinsichtlich des Beginns einer neuen Ära, geprägt durch eine „weightless economy" knüpfen, in der Wissen zum bestimmenden Faktor gegenüber den traditionellen Faktoren wird. [4]

Eine durch die DIHK durchgeführte Befragung von ca. 21000 Unternehmen ergab, dass Bildung trotz hoher Arbeitslosigkeit ein Engpassfaktor für die wirtschaftliche Entwicklung geworden ist. Hauptsache für die Schwierigkeiten mit der Besetzung offener Stellen ist für zwei Drittel der Unternehmen die mangelnde Qualifikation bzw. die fehlende

---

[1] vgl. Köllinger 2001, Seite 18
[2] vgl. Scheffer & Friedrich 2002, Seiten 24-25 und 136-137
[3] vgl. KPMG-Branchenstudie für Versicherungsunternehmen, 2001
[4] vgl. Gerhard de Haan / Andreas Poltermann, 2002, Seiten 5 und 6

Berufserfahrung der Bewerber[1]. Daraus erklärt sich, dass die existierenden Instrumentarien der Aus- und Weiterbildung heute allein nicht mehr ausreichen, um den Anforderungen des gesellschaftlichen, wirtschaftlichen und technologischen Wandels gerecht zu werden.[2] Dieser Entwicklung müssen die öffentlichen und privaten Bildungssysteme Rechnung tragen und die Wissensproduktion ausweiten[3] bzw. optimieren. Jedoch sind die Ressourcen und Kapazitäten der Einrichtungen begrenzt. Deshalb müssen innovative, kosten- und zeitsparende Bildungsmedien geschaffen werden. Neue technologische Errungenschaften, wie z.B. das Internet, bieten die Möglichkeiten neue Bildungsprodukte zu entwickeln und breit zu vermarkten. Der Studienort und die Studienzeit rücken mit der dadurch zusätzlich gewonnenen Flexibilität in den Hintergrund.

Dieser beschriebenen Vision sind ende der Neunziger vor allem die großen Unternehmen mit hohen Investitionen im Bereich e-Learning gefolgt. Abseits traditioneller lerntheoretischer Grundsätze wurden visuelle Lernangebote geschaffen, welche Ihren eigentlichen Zweck, der Wissensübermittlung, nicht in dem erwünschten Maße erfüllen konnten. Aus heutiger Sicht betrachtet, stellte sich diese explosionsartige Entwicklung als wahrscheinlich zu früh und zu schnell heraus. Die technischen und wissenschaftlichen Erkenntnisse dieser Zeit bleiben jedoch erhalten. Aufbauend auf diesen und kommenden Innovationen wird sich das Bildungswesen wandeln und sich den neuen Erfordernissen langfristig anpassen.

Die öffentliche Bildungspolitik hat während dieser gesamten Zeit an der zukunftsweisenden Entwicklung festgehalten und diese gefördert. So dass vor allem im öffentlichen Bildungswesen viele verschiedene neue Bildungsangebote entwickelt wurden und werden. So ist auch, der dieser Hausarbeit zu Grunde liegende MBA-Studiengang des Bildungsnetzwerkes *winfoline,* eine Produkt dieses öffentlichen Engagements.

---

[1] DIHK Unternehmensbefragung 2001
[2] vgl. http://www.htwm.de/bitsa/infoon/lernen/mgt-lu.htm
[3] vgl. Magnus 2001, Seite 25

1.2 Begriffliche Abgrenzungen und Erläuterungen

1.2.1 Distance-Learning

Distance-Learning bezeichnet im deutschen das Fernstudium oder auch den Fernunterricht. Erste Lösungen von einigen oben beschriebenen Problemen entwickelten sich bereits vor mehr als 100 Jahren. Erste Überlieferungen über Fernunterricht datieren auf das Jahr 1720[1] Fernunterricht ist ein geplanter, angeleiteter und kontrollierter Lernprozess zur Vermittlung von Wissen, Kenntnissen, Fähigkeiten und Fertigkeiten unter Überwindung einer räumlichen Distanz. Diese Form der Aus – und Weiterbildung erfolgte lange Zeit hauptsächlich durch Lehrbriefe, die später durch Videofilme, Tonbandkassetten, Disketten, Experimentiermaterialien oder andere Medien ergänzt oder ersetzt werden. Mit dem Einsatz neuer Medien (z.B. Computer und CD-ROM) und den Möglichkeiten, die das Internet bietet, haben sich neue Formen des Distance Learning herausgebildet, welche für die vorliegende Arbeit von Interesse sind.

1.2.2 Internet vs. Word Wide Web (WWW)

In der Literatur werden verschiedentlich die Begriffe Internet und Word Wide Web durcheinander gebracht. Zunächst ist hierzu zu sagen, dass das WWW nur einer von mehreren Diensten des Internets ist. Das Internet ist ein weltweiter Netzverbund, der eine nahezu grenzenlose Informations- und Kommunikationsinfrastruktur zur Verfügung stellt. Seine wichtigsten Dienste sind das WWW, das E-Mail und das File Transfer Protocol (FTP) für das down- und uploaden von Dateien und Software. Das WWW läuft also über das Internet und ist ein auf Hypertext und kleineren Script-Sprachen basierendes Informationssystem. Es benutzt das Hypertext Transport Protocol (http), um Daten innerhalb des Internets zu übertragen.

---

[1] vgl. Astleitner, 1999, Seite 67

1.2.3 e-Learning

Electronic Learning (e-Learning) ist technologiebasiertes Lernen, welches mit Hilfe technischer Geräte und Komponenten den Lehr- und Lernprozess gestaltet wird.[1] Erste Schritte im Bereich des computergestützten Lernens wurden mit Computer-Based-Trainings (CBT) zur Vermittlung von Hard-Skills (Lernprogramme für Fakten-wissen) unternommen. Die seit Mitte der Neunziger Jahre zunehmende Nutzung von Internet und Intranet führte zur Ausweitung der technischen Basis für e-Learning Maßnahmen. Das Online-Lernen mit Web-Based-Trainings (WBT) wurde so beispielsweise möglich. Die Verfügbarkeit solcher Technologien ermöglicht den Einsatz synchroner und ortsunabhängiger Lernformen (synchrones Lernen). Die derzeitige Spitze der Entwicklung stellt die Integration aller bisher genannten Formen des e-Learning, in Verbindung mit virtuellen Seminaren, in Form von internet- und intranetbasierenden Lernplattformen dar.[2] Solche Lernplattformen oder Lernmanagement Systeme (LMS) ermöglichen neben der Kurs-Administration, auch das Erstellen und die Evaluierung von Lerninhalten. Reinmann und Mandl beschreiben die drei wichtigsten Funktionen von e-Learning wie folgt: „Zu nennen sind hier die parallele Präsentation und Integration von Daten, Text, Grafik mit Audio, Animation und Video (Stichwort Multimedia), zweitens die lokale und globale Vernetzung von Computern mit der Möglichkeit orts- und zeitunabhängiger Kommunikation und Kooperation (Internet) und schließlich – drittens – die Interaktivität zwischen Benutzer und System sowie umfangreiche Manipulationsmöglichkeiten."[3]

E-Learning findet heutzutage üblicherweise in einer virtuellen Lernumgebung statt. Somit könnte auch die Beschreibung von McCormack/Jones herangezogen werden. Sie skizzieren eine internetbasierte Lernumgebung als einen Raum im WWW (visuelle Lernwelt), in dem Studenten und Lehrer mit Lernen verbundenen Tätigkeiten nachgehen können. Sie ergänzen dazu noch folgendes:

„A Web-based classroom is not simply a mechanism for distributing information to students; it also performs tasks related to communication, student assessment, and class management."[4]

---

[1] vgl. Bruns & Gajewski 2002, Seite 5
[2] vgl. Dittler 2002, Seiten 22-24
[3] vgl. Reinmann/Mandel 1996, S. 65
[4] vgl. McCormack/Jones 1998, S. 1

1.2.4 Computer-Based Training (CBT) vs. Web-Based Training (WBT)

In der Praxis sind CBT und WBT neben dem Begriff e-Learning die am häufigsten verwendeten Begriffe. CBT und WBT lassen sich nicht scharf abgrenzen und werden häufig unpräzise verwendet.

1.2.4.1 Web-based Training

Streng genommen bezieht sich WBT auf die didaktische Nutzung des WWW und schließt somit E-Mail-Kommunikation oder das Transferieren von Files aus. Enthalten sind dabei aber die Multimedien. Das so genannte Internet-based Training (IBT) beinhaltet alle Dienste. Als Oberbegriff für WBT und IBT würde sich allgemein der Begriff des „Online Trainings" am besten eignen. Von „Training" wird primär im Bereich Corporate gesprochen, dieser ist es auch, der die Terminologie am meisten prägt. In der akademischen Ausbildung wird der Begriff „Training" vielfach durch „Learning" bzw. „Instruction" ersetzt.

1.2.4.2 Computer-based Training

CBT beinhaltet ganz allgemein die Nutzung des Computers zu Lernzwecken. Dabei können sowohl Multimedien, wie auch Telemedien involviert sein. Besonders in Europa wird dieser Begriff aber lediglich mit der CD-ROM-Technologie assoziiert. In Abbildung 3 wird der Zusammenhang visuell verdeutlicht. Die oben erwähnten Begriffe verschmelzen also bereits per Definition. Noch größer ist die Verwischung in der Praxis, dort entstehen ständig neue Begriffe, die in erster Linie gewissen Modeströmungen unterworfen sind und schließlich als Synonyme gebraucht werden. Der Einfachheit und der Effizienz zuliebe wird in der Folge der Ausdruck „e-Learning" als Überbegriff für das Lernen mit den neuen Medien verwendet. Zur Abbildung der begrifflichen Vielfalt soll folgende Aufzählung dienen. Sie enthält alle Begriffe in alphabetischer Reihenfolge, die dem Autor im Verlaufe seiner Recherchen begegnet sind. Erwähnenswert ist in diesem Zusammenhang auch, dass man sich jeweils nicht mal in der Schreibweise der einzelnen Begriffe einig ist:

Computer-Aided Instruction (CAI), Computer-Assisted Learning (CAL), Computer-Based Training (CBT), Computer-Based Learning (CBL), Computer Supported Collaborativ Learning (CSCL), Computer Supported Collaborativ Working (CSCW), Computerunterstütztes Lernen (CUL), Interactive Learning Environments, New Technology-based Training, Online Education, Teachware, Telelearning, Technology-based Training, Virtuelles Lernen, Web-Based Training

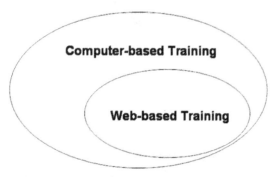

Abb. 1: Zusammenhang CBT-WBT[1]

1.2.5 Weitere E-Learning Komponenten

Neben den bereits oben näher erwähnten CBTs und WBTs sind natürlich auch weitere
Begriffe wichtige Bestandteile des heutigen elektronischen Lernens. In der folgenden
Grafik sind die wesentlichsten Komponenten des e-Learnings nach Funktionen strukturiert
dargestellt.

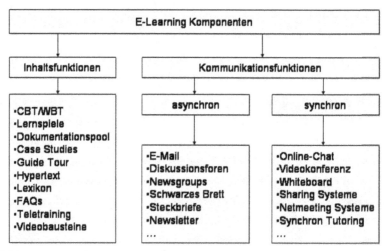

Abbildung 2: e-Learning Komponenten[2]

---

[1] Eigene Darstellung

[2] Sailer-Burckhardt, 2002, Seite 40

1.2.6 Lernmedien

Eine Definition von Medien liefern Rüschoff und Wolff: Medien im Allgemeinen stellen Vorrichtungen dar, die zum Festhalten von Informationen, zur Interaktion und Kommunikation dienen.[1] Die Eigenschaft eines Mediums ist das „Mitteln-können". Zweifelsohne ist das älteste Medium das Buch. Nach und nach wurden die Medien zahlreicher bis hin zum Zeitalter der klassischen Massenmedien wie Presse, Film, Fernsehen und Radio. Medien, die im Schulunterricht verwendet werden, sollten den Lehrenden „beim Vortrag, bei der Moderation etc. unterstützen und dienen der Veranschaulichung, der Strukturierung und Ordnung von Sachinhalten und Lehraktivitäten".[2] Medien, die sich sehr gut für den Einsatz im Unterricht bewährt haben, sind beispielsweise die Tafel oder auch der Overheadprojektor. Sie wurden speziell für pädagogische Zwecke entwickelt. Bei Kombination mehrerer Medienarten in einer Unterrichtsform liegt eine Multimedialität vor. Gemäß Jucker umfasst der Begriff Multimedia „alle Darstellungsformen, die mehr als ein Medium zur Übertragung eines Inhalts verwenden, also zum Beispiel das akustische und das optische Medium".[3] Die Medien, oder auch Lernmedien haben verschiedene spezifische Merkmale, wie die folgende Tabelle am Beispiel einiger ausgewählter Medien zeigt.

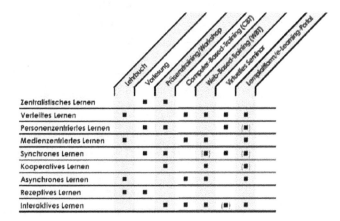

	Lehrbuch	Vorlesung	Präsendtraining/Workshop	Computer-Based-Training (CBT)	Web-Based-Training (WBT)	Virtuelles Seminar	Lernplattform/e-Learning-Portal
Zentralistisches Lernen	■	■					
Verteiltes Lernen	■			■	■	■	■
Personenzentriertes Lernen	■	■				■	(■)
Medienzentriertes Lernen	■			■	■	■	
Synchrones Lernen	■	■		(■)	■	(■)	
Kooperatives Lernen		■			■		(■)
Asynchrones Lernen	■			■	■		■
Rezeptives Lernen	■	■					
Interaktives Lernen			■	■	■	(■)	■

Tabelle 1: Eigenschaften von Lernmedien[4]

---

[1] vgl. Rüschoff und Wolff, 1999, Seite 52
[2] vgl. Kerres, 2001, Seite 31
[3] vgl. Jucker, 2000, Seite 8
[4] Dittler 2002, Seiten 31, 164, 219 und 261

Folgende Aussagen können daraufhin festgehalten werden:

- Ein CBT ermöglicht unter anderem ein verteiltes Lernen, d.h. der Lernende kann selbst entscheiden wo er lernen möchte; er ist nicht auf die Anwesenheit an einem bestimmten Veranstaltungsort angewiesen, wie dies bei zentralistischen Lernformen (z.b. Vorlesungen oder Workshops) der Fall ist.

- Beim Lernen mit einem WBT kommt der Person eines Lehrers oder Dozenten keine so große Bedeutung zu, wie dies bei personenzentrierten Lernformen (Vorlesungen oder Workshops) der Fall ist. Wichtiger für den Lernerfolg ist das den Lerninhalt vermittelnde Medium des WBT (Medienzentriertes Lernen).

- Das Lernen mit einem Lehrbuch ist nicht nur weitgehend ortsunabhängig, sondern auch zeitlich nicht gebunden, so dass ein asynchrones Lernen möglich ist. Während in einer Vorlesung, einem Präsenzseminar oder bei einem Workshop die Teilnehmer lernen, zeitgleich während der Dozent die Lerninhalte präsentiert, ermöglicht ein CBT (ebenso wie ein Lehrbuch) das Lernen zu einem beliebigen Zeitpunkt.

- Kooperatives Lernen wird z.B. mit WBTs möglich. So können Mitarbeiter beispielsweise gemeinsam ein Problem oder Aufgaben bearbeiten und dabei nicht nur vom Computer, sondern auch von einander lernen.[1] Kooperative Lernformen gewinnen aus diesem Grund an Bedeutung. Die Interaktion des Lernenden ist ein weiteres zentrales Element bei WBTs und CBTs (interaktives Lernen).

Wissen kann mit Hilfe von computerunterstütztem Lernen just-in-time geliefert werden, d.h. genau in dem Moment, in dem der Lernende ein Wissensdefizit feststellt, kann er die passenden Lerninhalte bzw. Informationen aufrufen. Denn langes Warten auf Seminartermine, genauso wie der Erwerb von Wissen auf Vorrat, ist uneffektiv und verzögert die Problemlösung. Lernen erfordert aber auch Konzentration und Aufmerksamkeit und muss Wissen vermehrt eigenverantwortlich auf der Basis des Internets erworben werden, stellen sich dem Lernenden einige Herausforderungen in den Weg. Denn die strukturellen Merkmale des Internets entsprechen einem ausgesprochen unüberschaubaren Netz verknüpfter Informationen (Hypertexte). Alle Informationen haben scheinbar die gleiche Wertigkeit. Es ist schwierig abzuschätzen, welches die relevanten Informationen sind[2]. Das Internet verwischt Zusammenhänge, da Information beliebig verknüpft sind und es verringert die

---

[1] Dittler 2002, Seite 15
[2] Vgl. Reinmann-Rothmeier/Mandl 2001, S 13

Aufmerksamkeit des Nutzers, da er durch eine Vielzahl von Verzweigungen vom thematischen Pfad abgelenkt wird.

Zusammenfassend erkennt man, dass keines der aufgeführten Lernmedien vollständig alle Möglichkeiten der Wissensübermittlung abdeckt. Die elektronische Lernplattform ist bei dieser Betrachtungsweise der wohl vollständigste Lösungsansatz. Allerdings muss bei dieser Lernform der Lernende auf eine rezeptive Wissensübermittlung, eine der wohl wichtigsten Formen, verzichten. Die rezeptive Lernform beschreibt dabei eine unter Umständen gar nicht wahrnehmbare Aufnahme von Emotionen und Begeisterungen, welche den Lernprozess im Besonderen fördert.

1.2.7 Virtueller MBA-Studiengang des Bildungsnetzwerkes *winfoline*

Wie bereits in Gliederungspunkt 1.1 angedeutet ist eine Grundlage dieser Arbeit der benannte MBA-Studiengang des Bildungsnetzwerkes *winfoline*. Die Universitäten Göttingen, Kassel, Leipzig und Saarbrücken gründeten 1997 einen Verbund zur Erstellung und Anwendung eines multimedialen internetbasierten Bildungsangebotes. Im Rahmen dieses Projektes wurde eine virtuelle Lehr- und Lernumgebung für einen Teil des Studiengangs Wirtschaftsinformatik entwickelt, woraus auch der Name des Projekts „Wirtschaftsinformatik Online" = *winfoline* resultierte. Mit Beginn des Sommersemesters 1998 konnten die Studenten der vier beteiligten Universitäten die ersten WBTs nutzen. Aufbauend auf den Erfahrungen konnte ein virtueller und modular aufgebauter Masterstudiengang entwickelt werden. Dabei wurden weitere Institute deutscher Universitäten (z.B.: Köln, Dresden, Freiburg) einbezogen. Die Studierenden haben die Möglichkeit, frei aus einem reichhaltigen Onlinebildungsangebot zu wählen. Alle Studienangebote werden über das Internet absolviert. Schwerpunktmäßig vermittelt der MBA-Studiengang Inhalte aus dem Bereich der Wirtschaftsinformatik, was sich auch in seiner Bezeichnung („Master of science in information systems") verdeutlicht.

2. Blended Learning

2.1 Definition

Lehren und Lernen sind eng miteinander verbunden, so findet es doch häufig gleichzeitig statt. Jeder Lernprozess ist konstruktiv, da ihm das Interesse und die Motivation des Lernenden zugrunde liegt. Gleichzeitig ist er aber ohne Anleitung und Instruktion zum Scheitern verurteilt. Wichtig scheint es demnach, die richtige Balance zwischen expliziter Anleitung durch den Lehrer und konstruktiver Eigenaktivität des Lernenden zu finden. Diese Erkenntnis stellt logischerweise auch multiple Ansprüche an die Konstruktion von Lernangeboten. e-Learning als abgeschlossenes Bildungsangebot kann zum Zeitpunkt nur teilweise diesen Ansprüchen gerecht werden und muss vorerst durch traditionelle Lehrangebote ergänzt werden. Diese Art der gegenseitigen Ergänzung wird im Allgemeinen als Blended Learning oder als Medienmix bezeichnet. Die entsprechenden Medien werden dabei sinnvoll für die Vermittlung eines spezifischen Stoffes kombiniert oder auch gemixt. Abbildung 3 zeigt die Verzahnung von e-Learning, Präsenzlernen und Selbststudium. Es wird unter anderem gezeigt dass sich Präsenz-Lernen durch Zeit- und Ortsabhängigkeit, Interaktivität und Kommunikation auszeichnet. Blended Learning wird als Schnittmenge von e-Learning, Präsenz-Lernen und Selbststudium dargestellt.

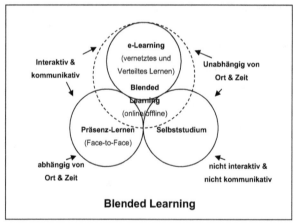

Abbildung 3: Blended Learning[1]

---

[1] Abb. ähnlich vgl. Scheffer & Friedrich 2002, Seite 35

Blended Learning bezeichnet jedoch mehr als nur die Kombination zwischen Online- und Offlinewelt. Es definiert vielmehr den Prozess der Feinabstimmung zwischen Lerner, Lerninhalt und Lernmedien, sowie einer gezielten Lernerbegleitung[1]. Dabei gibt es keine Einschränkung was mögliche Technologien oder auch herkömmliche Anordnungen (z.B. Präsenzveranstaltung) betrifft. Blended Learning wird näher, wie übrigens andere Bildungsangebote auch, über einen Lernraum spezifiziert.

2.2 Spezifikation im Lernraum

Die eigentliche Kombination bzw. das Verhältnis zwischen den eingesetzten Lernmedien ist von verschiedenen Faktoren abhängig. So kann man ein Bildungsprodukt in einem so genannten Lernraum[2] spezifizieren.

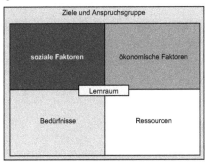

Abbildung 4: Lernraum[3]

Die in Abbildung 4 gezeigten Spezifikationsfaktoren definieren die Kombinationen der genutzten Lernmedien. Die dargestellten Ziele sind meist von außen oder durch die Anspruchsgruppe vorgegeben und definieren somit den Lernraum. Ökonomische oder aber auch pädagogische Zielsetzungen können dabei in den Vordergrund der Betrachtung gerückt werden.

Die Anspruchsgruppe bezeichnet die Wissenskonsumenten und spezifiziert durch Ihre Zusammensetzung vor allem die Bedürfnisse und den sozialen Faktor im Lernraum. Erfahrungen, Wissenshintergründe und Lerntypen zeichnet die Anspruchsgruppe aus.

Die ökonomischen Faktoren und die Ressourcen sind meist vorgegeben und bremsen bzw. begrenzen die Entwicklung der anderen Faktoren. Der soziale Faktor beschreibt vor allem

---

[1] vgl. Sailer-Burckhardt, 2002, Seite 47

[2] Back, Bendel, Stoller-Schai, 2001, Seite 162ff.

[3] angelehnt an Back, Bendel, Stoller-Schai, 2001, Seite 163, Abbildung 3-51

die sozialen Bindungen, -Beziehungen und –Anforderungen der Anspruchsgruppe. Die Bedürfnisse setzen sich aus dem Bildungs-, Methoden- und Betreuungsbedarf zusammen.

2.2.1 Blended Learning aus Sicht der Anspruchsgruppe

2.2.1.1 Erfahrungen

Neben den fachlichen und persönlichen Erfahrungen der Beteiligten, ist die Erfahrung mit den zu benutzenden Lernmedien ein zentrales Problem der Analyse, Organisation und Durchführung von neuen Bildungsveranstaltungen.

2.2.1.2 Lerntypen

Jeder Mensch lernt aufgrund seiner motorisch-nervösen Anlagen, seiner bisherigen Lernerfahrungen und seines Vorwissens auf individuelle Art. Auch solche Faktoren wie Alter und Erwartung an die Lernmaßnahme bzw. die damit verbundene Zielsetzung und Motivation bestimmen das Lernen. Dabei werden folgende grundsätzliche Lerntypen unterschieden:

- visueller Lerner (durch sehen)
- auditiver Lerner (durch hören)
- motorische Lerner (durch aktives Handeln)

Zusätzlich können noch weitere Lerntypen definiert und lokalisiert werden. Die Gliederung der Lerntypen bildet keinesfalls ein Raster, dem man jeden einzelnen Menschen zuordnen kann. Jeder Mensch ist ein Mischtyp und kann sich auch mehr oder weniger flexibel an neue Gegebenheiten anpassen. [1]

2.2.2 Blended Learning aus Sicht des sozialen Faktors

Unter sozialen Gesichtspunkten ist es wichtig, alle möglichen Kommunikationswege offen zu halten um soziale Bindungen zu stärken. Trotz großem Angebot an Kommunikationswegen im Internet oder Intranet ist die persönliche Kontaktaufnahme bei Präsenzveranstaltungen mit Gleichgesinnten der zurzeit optimale Lösungsansatz, Probleme aufzudecken, zu diskutieren und zu klären.

---

[1] vgl. Sailer-Burckhardt, 2002, Seite 36

2.2.3 Blended Learning aus Sicht des ökonomischen Faktors

Wie bereits in Punkt 1.1 angedeutet, ist die Entwicklung und Implementierung von neuen elektronischen Lernmedien mit hohen Investitionen verbunden. Dies führte dazu, dass viele Unternehmen und öffentliche Einrichtungen eine step-by-step Strategie nutzen, um diese neuen elektronischen Lernmedien einzuführen. Dabei wurden und werden einzelne Präsenzveranstaltungen durch die neuen Lernmedien zuerst ergänzt und ggf. später auch ersetzt. Durch die Investitionen in neue Lernmedien wird ein gewisser Mehrwert erwartet. Dieser muss allerdings messbar gemacht werden. Durch fehlendes oder mangelhaftes Kosten- und Bildungscontrolling ist in den meisten Einrichtungen eine Evaluierung schlecht möglich. Unter Umständen konkurrieren gewissermaßen die neuen mit den traditionellen Lernmedien.

2.2.4 Blended Learning aus Sicht der Ressourcen

Die Zeit, das Wissen und die Erfahrungen bei der Erstellung und Anwendung neuer Lernmedien sind begrenzt. Da technische und finanzielle Ressourcen ebenfalls begrenzt sind, wird der erprobte und geprüfte traditionelle Lernweg noch weiterhin Bestand haben. Der Engpassfaktor Wissen wirkt sich ungemein positiv auf die Entwicklung neuer Lernmedien aus. Denn durch zeit- und ortsunabhängiges Lernen ist auch zeit- und ortsunabhängiges Lehren möglich. Somit führt die Ressourcenknappheit zu einer Konzentration zu zentralen Wissensanbietern. (Content-Provider).

2.2.5 Blended Learning aus Sicht der Bedürfnisse

2.2.5.1 Bildungsbedarf

Auch die eigentlichen Lerninhalte bzw. die Art des zu vermittelnden Wissens ist ein entscheidendes Kriterium für die Wahl der genutzten Lernmedien. So ist das Lernen von reinem Faktenwissen (Hard-Skills), Prozesswissen oder Verhaltenswissen[1] (Soft Skills) methodisch und didaktisch voneinander abzugrenzen. Trotz der bereits schon sehr weitgehenden technischen Innovationen gestaltet es sich verhältnismäßig schwer einige Soft-Skills über elektronische Medien abzubilden. Vor allem praktische Anwendungstests,

---

[1] vgl. Sailer-Burckhardt, 2002

Gruppenbewertungen und Feedbacks sind Grundlage des Lernerfolges und somit Präsenzveranstaltungen erzielbar.

2.2.5.2 Methodenbedarf

Die angewandte Methodik der Wissensvermittlung richtet sich stark nach den Voraussetzungen der Anspruchsgruppe und dem zu vermittelnden Inhalt. Zusätzlich fließen vor allem pädagogische und psychologische Erkenntnisse in die entsprechende Auswahl. So stellt sich nach Seifert der Grad des Wissensübermittlungserfolges wie folgt dar:

- Durch Lesen werden   10%,
- durch Hören werden   20%,
- durch Sehen werden   30%,
- durch Hören und Sehen werden   50%,
- durch selbst Reden werden   70%,
- durch selbst Tun werden   90% des vermittelten Wissens behalten.[1]

Die Verwendung solcher Werte ist in der Psychologie zwar sehr umstritten, jedoch berücksichtigt man gleichzeitig die Lerntypologie sowie lässt sich die Tendenz erkennen, dass mehrkanaliges Lernen vor allem in Lerngruppen, in welchen sich verschiedene und unterschiedlich ausgeprägte Lerntypen befinden, empfiehlt.[2]

---

[1] Seifert, 2000, Seite 108

[2] vgl. Sailer-Burckhardt, 2002, Seite 131

3. Das Beispiel des MBA-Studienganges des Bildungsnetzwerkes *winoline*

3.1 Der Blended Learning Ansatz

Der MBA-Studiengang knüpft an den im Vorfeld erläuterten Ansätzen des Blended Learning. Es steht dabei nicht die einfache Verbindung von Online- und Offlinewelt im Vordergrund, sondern die optimale Kombination der eingesetzten Lernmedien. Der MBA-Studiengang nutzt eine Lernplattform zur Wissensübermittlung und wird durch den in Abbildung 4 gezeigten Lernraum spezifiziert.

3.2 Die Anspruchsgruppe und die Ziele

Die Anspruchsgruppe wurde wie folgt definiert: „Studienvoraussetzung für das Master-Studium ist ein wissenschaftlich qualifizierender Master- oder Diplom-Abschluss an einer wissenschaftlichen Hochschule in Deutschland mit einem Notendurchschnitt von mindestens „befriedigend" sowie ein Jahr Berufserfahrung, das nach dem wissenschaftlich qualifizierenden Abschluss absolviert wurde."[1] In Verbindung mit den Zielen des MBA-Studienganges wird klar, dass das zu übermittelnde Wissen kein reines Faktenwissen sein kann, denn dieses hat die Anspruchsgruppe bereits mit dem abgeschlossen Studium nachgewiesen. Im Vordergrund steht also die Vermittlung von Prozesswissen, dem Lernen von komplexen Zusammenhängen und der Verknüpfung von Theorie und Praxis. Daraus lässt sich bereits der Methodenbedarf ermitteln. Die Übermittlung von Prozesswissen kann durch eigene Erarbeitung in Form von Hausarbeiten und Fallstudien optimiert werden, somit bilden Hausarbeiten und Fallstudien die Schwerpunkte des MBA-Studienganges. Dazu muss die Selbstlernkompetenz (Eigenmotivation und adäquate Planung des eigenen Lernprozesses) der MBA-Studenten geschult werden.[2] Es werden Lernarrangements, Selbstlernmaterialien, Lernpakete etc. benötigt, mit deren Hilfe sich die MBA-Studenten das notwendige Wissen auch tatsächlich selbst gesteuert aneignen können.[3] Um dies zu gewährleisten werden die einzelnen modularen Lernbausteine durch Übungsaufgaben und zusätzliche Materialen, wie zum Beispiel weiterführende Skripte, ergänzt. Klausuren werden traditionell trotzdem angeboten. Prozesswissen kann, vereinzelt um Faktenwissen ergänzt, hauptsächlich über neue Medien abgebildet werden. Somit wurde der Anteil an Präsenzveranstaltungen auf ein Minimum reduziert und der Betreuungsbedarf beschränkt

---

[1] Auszug aus der Studienordnung des MBA-Studienganges winfoline
[2] vgl. Calik Kemal 2001; erschienen in CYbiz 08/2001, Seite 22
[3] vgl. Arnold 2000, Seite 60

sich hauptsächlich auf die tutorielle Betreuung und Begleitung durch die neuen Lernmedien bzw. Lernwelten.

3.3 Sozialer Faktor

Um den sozialen Anforderungen der Anspruchsgruppe gerecht zu werden, wird bei einer Kick-Off Veranstaltung den Beteiligten die Möglichkeit gegeben, sich einander vorzustellen und kennen zu lernen. Weiterhin kann bei diesem Treffen auch Einfluss auf die vorhandenen Erfahrungen der Anspruchsgruppe genommen werden. Die Bildung von Lerngruppen und die aktive Kommunikation der MBA-Studenten stehen im Mittelpunkt des MBA-Studienganges. So werden über eine Lernplattform alle erdenklichen Kommunikationswege angeboten.

3.4 Ökonomischer Faktor

Der MBA-Studiengang wird durch die öffentliche Hand gefördert und als Pilotprojekt für die Aus- und Weiterbildung verstanden. In Zukunft werden auch ökonomische Faktoren das Bildungsangebot bestimmen.

3.5 Ressourcen

Die finanziellen Mittel und vorhandenen Kapazitäten der öffentlichen Hochschulen sind begrenzt. Um die vorhandenen Ressourcen optimal zu nutzen, wurde ein Bildungsnetzwerk geschaffen. Durch die Zeit- und Ortsunabhängigkeit der angebotenen Online-Bildungsangebote ist es möglich, die Ressourcen der universitären Einrichtungen zu verteilen.

3.6 Bedürfnisse

Die Bedürfnisse wurden teilweise durch die Anspruchsgruppe definiert. Die praktische Umsetzung von Problemlösungsprozessen in Unternehmen zeigt jedoch, dass nicht nur der Einzelne in der Lage sein muss ein gegebenes Problem zu lösen. Problemlösung im Team und allgemein auch die Teamorientierung muss, der Anspruchsgruppe vermittelt werden. Diese Soft Skills können mit den derzeit technischen Möglichkeiten des e-Learnings noch nicht optimal abgebildet werden. Dies wurde auch beim MBA-Studiengang berücksichtigt und durch eine Präsenzveranstaltung, dem so genannten Projektseminar, abgedeckt.

4. Zusammenfassung und Fazit

E-Learning wird heute nicht mehr als Ersatz für vorhandene Lehr- und Lernangebote verstanden. In Gliederungspunkt 1.2.6 werden die Merkmale neuer und alter Lernmedien erläutert und verglichen. e-Learning und traditionelle Präsenzveranstaltungen, aber auch das Buch als Lernmedium, bilden in Ihrer Kombination erst einen optimalen Lernerfolg. Der Begriff des Blended Learning, als Schnittmenge von e-Learning, Selbststudium und Präsenzveranstaltungen hat sich herausgebildet. Doch wie werden die Lernmedien optimal kombiniert. [Back, Bendel, Stoller-Schai] entwickelten den Ansatz des Lernraumes, welcher die möglichen Einflussfaktoren darstellt. Der Lernraum spezifiziert genauer ein Bildungsangebot. Die zentralen Spezifikationsfaktoren des Lernraumes sind die Anspruchsgruppe und die Ziele. Weitere wichtige Faktoren sind der soziale Faktor, der ökonomische Faktor, Bedürfnisse und Ressourcen. Alle Faktoren haben unmittelbaren Einfluss auf die eigentliche Kombination des Bildungsangebotes. Der Lernraum wird somit eine tragende Definition des Begriffes Blended Learning.

Das Beispiel des MBA-Studienganges winfoline zeigt eine optimale Abstimmung bei der Verwendung traditioneller und neuer Medien. Blended Learning definiert sich dabei nicht durch den Begriff, sondern durch die abgestimmte Kombination aller verfügbaren Lernmedien. Der Lernraum spezifiziert auch den MBA-Studiengang und zeigt, dass die methodischen und didaktischen Grundgerüste der Wissensübermittlung professionell angewendet wurden.

Literaturverzeichnis

Astleitner, H.

Pädagogische Grundlagen virtueller Ausbildung,

Wien 1999

Arnold Rolf

Das Santiago-Prinzip: Führung und Personalentwicklung im lernenden Unternehmen.

Köln: Dt. Wirtschaftsdienst, 2000

Back, Bendel, Soller-Schai

E-Learning im Unternehmen

Grundlagen – Strategien – Methoden –Technologien

1. Auflage, 2001

Bruns Beate & Gajewski Petra

Multimediales Lernen im Netz: Leitfaden für Entscheider und Planer

3. Auflage. Heidelberg: Springer, 2002

DIHK

Arbeitskräftemangel trotz hoher Arbeitslosigkeit

DIHK-Unternehmensbefragung, Dezember 2001

www.diht.de/inhalt/download/FKmangel_Umfrage.pdf

gelesen am 19.09.2002

Dittler Ullrich

E-Learning: Erfolgsfaktoren und Einsatzkonzepte mit interaktiven Medien.

Oldenbourg Verlag, München 2002

Diverse Autoren

CYbiz: Das Fachmagazin für Erfolg mit E-Business,

Seiten 12-43. Frankfurt am Main: Deutscher

Fachverlag, August 2001

Diverse Autoren

Sonderheft e-Le@rning, Wann Unternehmen e-Learning brauchen, Autorensysteme und was sie leisten, So gelingt die e-Moderation.

Bonn: managerSeminare

Gerhard May Verlags GmbH,

November/Dezember 2001

Global Learning Portal der T-Systems e-Learning Solutions

Glossar: Fachausdrücke des Telelernens und relevante Internetbegriffe,

http://www.global-learning.de/

gelesen am 09.08.2002

JUCKER, Andreas H.:

Mulitmedia und Hypertext. Neue Formen der Kommunikation oder alter Wein in neuen Schläuchen?

In: FRITZ, Gerd (Hrsg.) ; JUCKER, Andreas H. (Hrsg.):

Kommuniktationsformen im Wandel der Zeit: Vom mittelalterlichen Heldenepos zum elektronischen Hypertext.

Tübingen : Niemeyer, 2000

Kerres M.

Multimediale und telemediale Lernumgebungen, Konzeption und Entwicklung

2. Auflage, Oldenbourg Verlag, München 2001.

Klimsa, Paul / Issing, Ludwig

Information und Lernen mit Multimedia

2. überarbeitet Auflage, Weinheim 1993

Köllinger Philipp

E-Learning: Eine Marktanalyse für Deutschland, Studie.

Düsseldorf: Sympsion Publishing, 2001

KPMG Consulting AG

VU 2008

Denken und Handeln heute für die Aufgaben von morgen

1. Auflage, Feb. 2001

Magnus Stephan

E-Learning: Die Zukunft des digitalen Lernens im Betrieb.

Wiesbaden: Gabler Verlag, 2001

McCormack, C. / Jones, D.:

Building a Web-Based Education System, Wiley Computer Publishing,

New York 1998

Reinmann-Rothmeier, G. / Mandl, H.

Virtuelle Seminare in Hochschule und Weiterbildung

Drei Beispiele aus der Praxis

Verlag Hans Huber, Bern 2001.

RÜSCHOFF, Bernd ; WOLFF, Dieter

Fremdsprachenlernen in der Wissensgesellschaft.

Zum Einsatz der neuen Technologien in Schule und Unterricht.

Ismaning : Hueber, 1999

Sailer-Burckhardt, R.:

Integrated Learning

- Strategien und Vorteile für ein erfolgreiches E-Learning in der Praxis -

1. Auflage, 2002

Scheffer Ute & Hesse Friedrich W.

E-Learning: Die Revolution des Lernens gewinnbringend

einsetzen. Stuttgart: Klett-Cotta, 2002

Winfoline:

MBA-Studienordnung

http://134.96.72.15/layout_plattform_neu/Master_Site/docs/Studienordnung.pdf

gelesen am: 14.10.2002